AF321232

# Quelques réflexions sur l'enseignement de la sociologie.

———

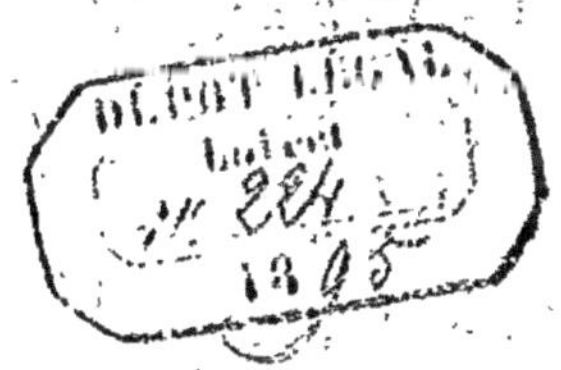


L'enseignement de la sociologie en France en est encore à ses débuts. Un cours de sociologie a été créé en 1887 à la Faculté des Lettres de Bordeaux, et il est professé depuis cette époque par M. Durkheim. Le conseil municipal de Lyon subventionne depuis deux ans un cours de sociologie professé par M. A. Bertrand. Il n'existe pas jusqu'ici d'autres créations régulières de ce genre (1). C'est bien peu, et cependant, quelque espoir que l'on ait dans l'avenir de cet enseignement, on ne saurait s'étonner beaucoup de la lenteur de ses premiers développements. L'idée même de la sociologie est aujourd'hui mal déterminée; et comment donnerait-on à l'étude de cette science une grande extension, lorsqu'on n'a encore qu'une notion assez flottante de ce qu'elle devrait être, et des services qu'elle pourrait rendre?

La récente création d'un doctorat ès sciences politiques et économiques me paraît cependant devoir contribuer tôt ou tard à augmenter l'importance de l'enseignement de la sociologie; et la question de

———

(1) Je mentionnerai cependant, en passant, quelques conférences de sociologie faites dans les Facultés de Droit. Ainsi, cette année même, M. Hauriou a fait à la Faculté de Droit de Toulouse un cours de sociologie.

savoir comment cet enseignement doit être compris reçoit, par suite de cette création, un intérêt plus immédiat.

Il n'est pas inutile que, pour aider à la solution de cette question délicate, ceux qui se sont risqués les premiers dans cette voie mal frayée fassent connaître les résultats des expériences qu'ils ont tentées. C'est dans cette pensée que je publierai dans la *Revue Internationale de Sociologie* les programmes des deux premiers cours libres de sociologie, que j'ai faits en 1894 et 1895, à la Faculté des Lettres de Montpellier. Mais, auparavant, j'indiquerai quelques-unes des raisons qui m'ont décidé à choisir d'abord des sujets de sociologie générale, et je résumerai les remarques que j'ai pu faire au cours de ces leçons sur les conditions qui pourraient assurer le succès d'un enseignement de cette nature.

I

Avec l'organisation actuelle de notre enseignement supérieur et la distinction tranchée des diverses Facultés, il est très probable que l'enseignement des sciences sociales sera institué exclusivement dans les Facultés de Droit, et confié par conséquent à des agrégés de Droit. Il est vrai que, dans la discussion qui a précédé au Conseil supérieur de l'Instruction publique l'établissement du nouveau doctorat, l'administration a reconnu qu'il ne s'agissait nullement d'instituer un monopole en leur faveur. Mais, dans la pratique, l'idée ne se présentera guère de faire appel à d'autres auxiliaires ; et on peut tenir pour certain que presque seules les Facultés de Droit seront chargées d'enseigner la sociologie. A quoi je vois à la fois des avantages et des inconvénients, que je vais indiquer brièvement.

Les premières recherches des sociologues après Auguste Comte, ont été principalement des recherches d'un caractère très général. Les sociologues se sont bien souvent opposés eux-mêmes aux juristes, aux économistes, comme aussi, d'ailleurs, aux politiques et aux moralistes de la vieille école. Et cependant, c'était de droit, c'était d'économie politique, de politique ou de morale qu'ils s'occupaient, eux aussi. Mais leur prétention était d'en traiter scientifiquement ; et ils considéraient volontiers les spécialistes comme des hommes de l'art. Ils leur reprochaient de vouloir trancher, avec leurs préjugés traditionnels, des problèmes d'une extrême complication ; et ils leur assignaient comme tâche de recueillir, puis d'appliquer ou de tourner en préceptes les lois que la sociologie leur ferait successivement connaître. Voilà peut-être des raisons qui ont d'abord enfermé la sociologie dans les généralités. Cette attitude s'imposait dans l'étude purement scientifique d'objets très complexes, dont les détails très variables ne peuvent guère donner matière à des prévisions même approchées.

Il est possible que cette attitude soit encore aujourd'hui celle du plus grand nombre des sociologues. Cependant, surtout dans ces dernières années, elle s'est peu à peu modifiée, depuis que les spécialistes, cessant de plus en plus d'établir leurs recherches sur des considérations purement traditionnelles, et prenant plus nettement conscience de l'intérêt social qui s'y attache, ont commencé un peu partout de se piquer eux-mêmes de sociologie. Ce sont eux qui ont, bien qu'un peu timidement, dénoncé le caractère conventionnel, simpliste, et souvent très arbitraire des théories sociologiques ; et, de ce côté, du moins, leur œuvre est à louer à peu près sans restriction.

Ainsi, dans la sociologie, un second courant s'est formé, sous l'influence du premier, mais contre le premier. De plus en plus on se défie de la sociologie générale ; on admet couramment que, le champ des études sociales étant beaucoup trop vaste pour être mis en valeur par un seul esprit, et étant même très incomplètement exploré, le mieux est de s'en tenir aux études de détail. C'est à la longue, et par l'effort parallèle et indépendant de tous ceux qui s'occupent de l'économie politique, du droit, de la science politique ou de la morale, que la sociologie pourra se constituer comme science.

Cette division du travail ne présente plus, d'ailleurs, aujourd'hui, les sérieux inconvénients qu'elle aurait eus naguère. Il n'y a plus à craindre que l'enseignement du droit soit systématiquement hostile à toute nouveauté, décidé d'avance à se maintenir indéfiniment dans les limites d'une pratique routinière, et à user de toutes les arguties d'une scolastique expérimentée pour la seule justification du fait établi. La plupart de ceux qui le donnent savent faire une place aux changements qu'apporte toujours à la conception même du droit le mouvement de la vie sociale : ils savent distinguer, dans des institutions qui sont le produit d'une lente fixation de la conscience du passé, ce qui est solide encore et bien vivant, de ce qui est déjà branlant, battu en brèche par des sentiments ou des aspirations nouvelles, et ne tient plus debout que par la force de l'habitude. Et de même, on ne voit guère, dans nos Facultés, l'enseignement de l'économie politique se réduire à un tranchant exposé de principes infiniment trop simples, à un développement tout déductif et rationnel ; et ceux qui le donnent savent reconnaître la complexité des problèmes, et qu'il ne suffit pas de détourner la tête devant les constants démentis que l'expérience donne à dés théories trop étroites.

L'habitude de l'analyse concrète, et la pratique de la méthode comparative historique, se sont généralisées. Une place importante leur est donnée, à peu près partout, même dans l'étude du droit, où cependant la méthode dialectique doit jouer le premier rôle, en raison, soit des fins professionnelles de l'enseignement, soit de la dépendance étroite du droit positif vis-à-vis de la réflexion et de la volonté de l'homme. Le droit comparé, l'histoire du droit, la statistique ont déjà leurs chaires dans plusieurs Facultés. L'organisation du nouveau doctorat fera nécessairement augmenter leur nombre et favorisera le développement de tous les enseignements qui touchent à la science sociale. Ce n'est pas tout de créer des chaires; mais je m'empresse d'ajouter que, parmi les jeunes agrégés de droit ou parmi les professeurs en exercice, on n'aura pas de peine à trouver des hommes compétents et bien préparés à les occuper.

Si la sociologie n'était enseignée que par des philosophes, il faudrait redouter qu'elle ne restât étroite et systématique, trop générale, et par suite très peu pratique, ou même dangereuse, si elle avait la prétention d'énoncer des règles d'action. Enseignée par des historiens elle tournerait facilement au travail de pure érudition; et, s'enfermant dans la reconstitution d'un passé lointain, elle ne verrait dans le présent qu'un point imperceptible, perdu dans la grande étendue des périodes historiques; par là, elle perdrait encore toute valeur pratique.

Ainsi, le principal avantage que je verrais à cette division des études sociologiques, et à leur développement dans les Facultés de Droit, c'est que la sociologie pourrait bien y gagner en portée pratique, et qu'elle ne serait pas seulement matière à développements ingénieux et brillants.

## II

Mais la médaille a son revers. Il y aurait de graves inconvénients à vouloir enfermer cet enseignement tout entier dans les Facultés de Droit; et cela, non seulement parce que telle branche de la sociologie offre un caractère plus spécialement philosophique ou historique, mais parce qu'on ne pourrait, sans danger, à mon avis du moins, renoncer à poursuivre, parallèlement aux recherches spéciales, les études de sociologie générale.

Remarquons tout d'abord que, parmi les sciences sociales, il en est une qui concerne tout particulièrement les philosophes, c'est la science de la morale. Aussi bien, dans ces dernières années, presque toutes les fois qu'un philosophe s'est tourné vers la sociologie, c'est de morale surtout qu'il s'est occupé. Or, vis-à-vis de la sociologie tout entière, la morale joue en quelque sorte le rôle de science *normative*. Elle indique la direction idéale, et elle fixe les limites de l'action sociale. Faire abstraction complète des considérations morales, c'est rétrécir toutes les autres études sociologiques. Je ne crois pas, sans doute, qu'il soit exact de dire que *la* question sociale est *une* question morale ; mais il me paraît évident qu'en toute question sociale une question morale est impliquée ; et qu'ainsi, pour résoudre celle-là, il faut tenir compte de celle-ci.

Or, la morale ne tient pas dans une liste de formules absolument claires, indiscutables et indiscutées, que chacun pourrait, sans préparation et sans compétence spéciale, poser comme autant de principes ou de conditions restrictives, au début de ses recherches. On sait bien aujourd'hui ce qu'il y a de pauvreté, d'étroitesse et d'erreur, au point de vue pratique, dans cette réduction de la morale à un aride catéchisme. Les questions morales sont d'une extrême complexité ; et la plus fine des observations psychologiques, jointe au plus rigoureux des raisonnements ne suffit pas à les résoudre, sans le secours d'une multitude de notions objectives et d'observations comparées sur les mœurs des divers groupes sociaux. J'ajoute même que la fermeté pratique des convictions m'y paraît tout aussi nécessaire que le talent du psychologue ou la science de l'historien.

Nous ne possédons pas en France une solide organisation de l'étude de la morale ; et elle existe ailleurs, en Allemagne, par exemple. Nous n'avons encore que bien peu de travaux à opposer à ceux qui, depuis vingt ans et plus, ont paru à l'étranger ; et, sauf quelques rares exceptions, nous avons trop longtemps vécu en ces matières sur des notions purement traditionnelles ou beaucoup trop purement formelles.

La sociologie sans la morale reste mutilée ; et par la morale, elle sort des cadres des Facultés de Droit et se rattache plutôt à la philosophie.

Je ne veux pas insister ici sur les rapports très évidents qui existent entre la plupart des études sociologiques et l'histoire ; mais je voudrais établir qu'il existe un lien plus solide encore et plus important de ces études à la philosophie ; que, si une sociologie générale ne peut remplacer, elle doit toujours compléter l'enseignement des diverses sciences sociales, et que, bien comprise, elle serait la meilleure des garanties contre les systématisations hâtives et dangereuses.

C'est qu'en effet, les sciences sociales sont des sciences toutes jeunes et extrêmement imparfaites. J'ai entendu d'excellents esprits, très ouverts à toute innovation, de ceux qui ont le plus contribué à rajeunir l'enseignement du droit, qualifier la création du doctorat ès-sciences politiques et économiques (en dépit de la modestie de son titre), de création hâtive, plus spécieuse que vraiment utile. L'une des causes de cette défiance, c'est que ces sciences ne sont encore, dans aucune de leurs branches, constituées d'une façon définitive. Or, non seulement il semble qu'un diplôme, qui ouvre certaines carrières, ne puisse trouver de garanties sérieuses dans des recherches mal définies ; mais encore, et surtout, toutes les fois qu'il en sera autrement, l'étudiant, qui commence par aborder les questions du dehors, sera constamment exposé à prendre pour des vérités acquises ce qui n'est que l'expression provisoire de résultats très incomplets, au moyen d'hypothèses plus ou moins ingénieuses. Pour donner aux idées la forme didactique, on sera conduit à les plier à des postulats généraux, qui sont eux-mêmes contestables ; et au lieu de favoriser le développement de la sociologie, en lui amenant de nombreux adeptes, on risquera d'en compromettre l'avenir, en fixant prématurément ses conditions générales dans l'esprit de ceux qui s'en occupent.

On dit couramment que, seules les études spéciales peuvent donner des résultats positifs ; que, hors d'elles on reste dans les systèmes. Si par là on entend qu'on ne peut se passer d'elles, j'en tomberai d'accord ; mais veut-on dire qu'elles doivent exister seules ? Je crois que c'est une erreur. Les sciences sociales n'ont pas seulement à constater des faits ; mais à en dégager le sens. Et les faits dont elles traitent sont étroitement dépendants les uns des autres, et s'éclairent les uns par les autres. Les études partielles en sociologie ne peuvent être que des analyses préparatoires, dont on ne saurait encore tirer de conclusions pratiques. Aussi, le systématisme est-il un défaut commun à ceux qui, s'enfermant dans les recherches de détail, en feraient sortir des règles d'action, des solutions pour les problèmes de la vie sociale ; comme à ceux qui croiraient que les sciences sociales peuvent se déduire d'une sociologie générale. On peut penser qu'Auguste Comte ou même H. Spencer sont trop souvent systématiques, parce qu'ils attribuent une valeur excessive à des généralités. Mais aussi que d'économistes, de juristes, de moralistes, sont systématiques, parce que, considérant à part les facteurs économiques, ou juridiques, ou moraux, des faits sociaux, ils se croient en état de trancher ainsi les problèmes qui se posent chaque jour dans la vie sociale, et qui se divisent pour le savant en classes distinctes, suivant que des considérations économiques, juridiques, morales ou autres y jouent ou semblent y jouer un rôle prépondérant.

Il y a donc un systématisme qui naît de la division excessive des phénomènes qui se tiennent, comme il y en a un qui naît de l'habitude de se contenter de vues d'ensemble sur des phénomènes d'une grande complexité. Les spécialistes de la sociologie se sont gardés du dernier; ils échappent moins souvent au premier; et ce qui les y expose, c'est la nature même de leurs études, jointe à l'intérêt pratique de ces questions, à la hâte que l'esprit a toujours de conclure et à la confusion qu'il établit si aisément d'une idée ingénieuse avec une idée juste.

Certes, l'analyse des faits sociaux ne saurait en épuiser la réalité et en saisir d'avance jusqu'aux moindres particularités; aucune science n'épuise son objet; et moins que toute autre la sociologie, à cause de la grande complication de ses données, ou même en raison de la nature de certains de leurs éléments. Mais, d'autre part, l'intérêt pratique des questions sociales oblige le sociologue à tenir compte, au moins en bloc, des éléments que ses analyses ne réussissent pas à isoler. A plus forte raison irait-il à l'encontre de son but, et ajouterait-il, à des difficultés déjà grandes, des difficultés et des causes d'erreurs nouvelles, s'il prétendait dissocier tout à fait les divers phénomènes qui, réellement inséparables, composent la trame serrée de la vie sociale.

Il a toujours le droit de prendre son centre de perspective dans les uns plutôt que dans les autres; mais il ne s'en suit pas qu'en traitant les uns il puisse oublier ou ignorer tous les autres. Je sais bien que la formule d'une loi sociale quelconque, par exemple d'une loi économique quelconque, n'exprime jamais qu'une relation conditionnelle : *Toutes les fois que seront données les conditions a, b, c, dans des circonstances déterminées, le phénomène m se produira.* En cela d'ailleurs, ces lois ne diffèrent pas des autres lois scientifiques. Mais convenir d'avance que *a, b, c* ne peuvent être que des phénomènes économiques, c'est faire de cette relation conditionnelle une relation simplement fictive, qui n'exprimera ni de près ni de loin aucun état réel de la vie sociale, qui ne suffirait par suite à établir aucune prévision, aucune conclusion pratique. Ces formules d'une économie politique exclusive, peuvent bien trouver place parmi les recherches qui précèdent l'énoncé des lois économiques; mais elles ne sont plus alors que des anneaux d'une chaîne qui, en aucun cas, ne se termine à elles, et elles ne doivent pas plus retenir l'attention que ne la retient, dans un développement analytique, une proposition intermédiaire quelconque.

S'il est vrai que l'intérêt des sciences économiques soit un intérêt pratique, la connexité des divers aspects de la vie sociale fera que, dans l'énoncé d'une loi économique, devront entrer en ligne de compte, non seulement des facteurs économiques, mais aussi des facteurs politiques, juridiques ou moraux.

Il en va de même des autres branches de la science sociale; et par là il est vrai de dire qu'une sociologie générale, c'est-à-dire une détermination préalable des caractères généraux de la vie sociale, est impliquée en toute étude de sociologie spéciale. Mais comment doit-on comprendre ces caractères? à quels signes se distingue un fait sociologique? Se laisse-t-il décomposer entièrement en facteurs individuels, ou comprend-il des facteurs sociaux irréductibles? Doit-il se déterminer exclusivement comme chose, c'est-à-dire par ce qu'il enferme de consolidé? ou ne le saisit-on qu'en le suivant dans son mouvement même et dans la direction idéale de ses changements? A toutes ces questions qui touchent à l'objet et aux méthodes de la sociologie, des réponses différentes ont été faites explicitement par la sociologie générale; et, dans chacune de leurs conclusions particulières, les savants spéciaux les supposent, eux aussi, résolues dans un sens plutôt que dans un autre. La diversité des conclusions en ces matières, les oppositions et les discussions qui en résultent, viennent pour une large part d'une différence dans les solutions admises de ces problèmes généraux. Chacun examine et retourne les faits de toutes les manières et n'arrive guère en fin de compte à entamer les convictions de ses contradicteurs. C'est qu'il faut chercher l'origine du différend ailleurs, dans les postulats qui déterminent le point de vue propre à chacun, et ainsi, pour le vider, c'est à la sociologie générale qu'il faudrait remonter.

Je sais bien que, pour écarter au moins provisoirement ces questions, on alléguera l'exemple des sciences objectives qui n'ont progressé, dit-on, qu'en se séparant de la philosophie, c'est-à-dire en éliminant ou en ajournant les questions générales qu'elles avaient tout d'abord posées. — Vouloir obliger la sociologie à faire ce que ne font plus les sciences positives, n'est-ce pas vouloir l'enfermer à jamais dans cette phase métaphysique qui n'est que l'enfance de la science?

Ce rapprochement de la sociologie et des sciences objectives me paraît inexact à la fois dans ses deux termes :

1° Il n'est pas vrai que les sciences de la nature aient progressé en éliminant toute philosophie, et, dans cette opinion aujourd'hui banale, je vois une confusion et une erreur. La vérité est que les sciences ne se sont constituées qu'en écartant, soit des questions qui n'ont pas de valeur nécessaire, qui n'ont peut-être même pas de sens (ainsi les questions de première origine), soit des questions qui, n'étant pas de leur compétence, se mêlaient au début avec leur objet propre (ainsi s'est établie la distinction des phénomènes, seuls objets de science, et de la réalité absolue des choses, qui concerne plutôt la métaphysique). Mais cela revient à dire qu'elles se sont constituées à mesure qu'elles ont pu définir leur objet et délimiter leur tâche.

Écarter des questions illusoires ou étrangères, ce n'est pas se dégager de toute affirmation générale et philosophique. Et l'état, dit positif, des sciences, ne consiste nullement à supprimer tout postulat philosophique ; mais, ce qui est tout différent, il est atteint lorsque les sciences peuvent sans inconvénient sous-entendre ces postulats ; enfin, elles peuvent les sous-entendre lorsque, dans les limites qu'ils leur ont données, ou mieux par le fait même de leur donner des limites exactes, les savants se sont mis d'accord, ou à peu près, sur les postulats qu'ils acceptent. Ainsi, pour prendre un exemple très général et commun à toutes les sciences de la nature, le déterminisme causal peut être considéré, dans les limites de ces sciences, comme un postulat qu'on n'énonce pas, parce que tout le monde l'accepte, et qui résulte d'une exacte définition des conditions dans lesquelles on est convenu d'enfermer la science objective. Le déterminisme causal, voilà l'idée dominante de la philosophie incontestée, mais non pas nulle, des sciences objectives.

Il est faux, par conséquent, que la première condition à réaliser pour arriver à la science, soit d'écarter toute considération philosophique.

2° Mais, de plus, la sociologie n'est pas exactement comparable aux sciences objectives. Elle en diffère précisément parce que la complexité supérieure, ou peut-être même la nature propre de son objet, lui impose un plus grand nombre de postulats moins simples. Un fait social dépend, en effet, à la fois de conditions physiques, biologiques, psychologiques et sociales. Et par suite, non seulement il est aisé de se laisser aller à ne voir en lui qu'une partie de ses conditions et à le définir par celles-là seulement, tout en croyant l'épuiser ; mais il devient difficile, ou même impossible de saisir l'importance relative exacte de toutes ces conditions. Aussi l'accord s'établira-t-il lentement et d'une façon incomplète sur les postulats de la sociologie et sur la valeur de chacun d'eux.

Je ne veux pas examiner ici la question de savoir si cet état d'imparfaite fixation est inhérent à la sociologie, ou n'est qu'une phase de son développement. Pour la question pratique, qui nous intéresse en ce moment, il suffit que l'on m'accorde que tel est l'état présent de cette science. Il est certain que l'accord est loin d'être réalisé entre les sociologues sur les postulats de leur science. Aussi est-il impossible d'en traiter exactement comme on traite des sciences positives.

Si on tient à la comparaison de la sociologie avec les sciences objectives, on dira que la sociologie n'a pas dépassé la phase philosophique. Et dès lors, s'il faut, en vue de garantir ses progrès futurs, et d'en accroître peu à peu la portée, multiplier les recherches particulières, si l'on ne doit pas se contenter de vues générales, et surtout croire que ces vues d'ensemble tiennent lieu de tout le reste, il est cependant nécessaire, pour empêcher l'esprit de système de s'introduire dans les recherches spéciales et d'en fausser les résultats, de poursuivre parallèlement l'examen comparatif et critique des théories des sociologues.

Par là seulement il sera possible de rectifier et de compléter à la longue les postulats de la sociologie, et d'obtenir sur eux, dans la mesure du possible, cet accord que réalisent dès à présent, sauf sur quelques points secondaires, les sciences de la nature.

La philosophie des sciences sociales ne serait pas actuellement sans danger éliminée de l'étude de ces sciences; elle en apparait comme la garantie et le complément indispensable.

Qu'on m'entende; je ne veux pas dire qu'on doive diviser la sociologie en deux domaines étrangers l'un à l'autre : celui des études spéciales, et celui des constructions philosophiques, générales et dogmatiques. Je désire qu'il y ait dans l'esprit de tous ceux qui s'en occupent pénétration mutuelle aussi complète que possible de ces deux courants. Mais cette fusion ne fera jamais qu'il ne soit pas possible de se placer de préférence à l'un ou à l'autre des deux points de vue; et de plus, il faut la préparer; puisqu'en règle générale, elle n'est pas dès maintenant faite chez les sociologues. Les spécialistes qui, dédaignant les idées générales, ne peuvent s'en passer, se contentent d'accepter sans examen celles qui répondent le mieux à leur préjugés. Croire qu'on peut se passer d'idées directrices, c'est tout simplement devenir victime des préjugés individuels et s'enfermer dans la routine. De leur côté,

les sociologues philosophes attachent le plus souvent une valeur exa-
gérée à leurs théories ; ils sont dogmatiques et tranchants ; et ils plient
les faits à leurs principes plutôt que d'élargir et d'assouplir leurs principes au contact des faits : ce qui leur manque le plus, c'est le sens
pratique et la connaissance vraie des choses sociales, qui ne s'acquiert
que dans la vie, et par l'action.

La sociologie générale, qui est nécessaire pour préparer les esprits à
une entente de plus en plus sûre des faits sociaux, ce n'est pas une
sociologie purement constructive, qui sera nécessairement trop simple ; c'est plutôt une sociologie critique, appuyée sur l'étude comparative des diverses conceptions de la vie sociale, sur l'élimination des
théories trop étroites et superficielles, et sur la rectification graduelle
et réciproque de toutes celles qui prennent leur fondement dans la
réalité. Les conclusions qu'au terme de cet examen la sociologie générale peut se risquer à établir, elle doit les regarder, non pas comme
absolues et définitives, mais simplement comme supérieures à telle ou
telle autre, et elle pourra leur attribuer une valeur pratique d'autant
plus grande que les comparaisons qui les ont préparées auront porté
plus loin. Ces conclusions, le sociologue ne peut d'ailleurs jamais les
donner comme épuisant la réalité sociale ; elles sont simplement une
partie, — la partie la plus constante et la plus générale, — des conditions infiniment nombreuses et variables dont dépend chaque problème
posé par les sciences sociales particulières, ou mieux encore par la vie
sociale elle-même.

L'utilité d'une sociologie générale ainsi conçue me paraît d'autant
plus grande que les sciences sociales prennent un plus grand développement, et jouent un plus grand rôle. S'en passer, en effet, ce n'est
pas, j'ai cherché à le montrer, se passer de théories, c'est accepter
sans choix dans les recherches spéciales la direction de la première
venue, et de la plus inconsistante des théories. Et c'est, dans l'action
sociale, ou bien se réduire à ne demander d'inspiration qu'à des sentiments confus et indéterminés, et par suite, à cause de l'extrême
diversité des intuitions individuelles, c'est introduire partout, multiplier à l'infini les conflits de toute sorte, et laisser se dépenser inutile-
ment le meilleur des énergies sociales ; ou bien, c'est accepter simplement la conclusion d'un spécialiste sur chaque question qui se pose ;
et dans ce cas c'est s'inspirer encore de principes généralement mal
établis, multiples et opposés entre eux ; par suite, c'est substituer au
conflit tumultueux des passions aveugles l'antagonisme, peut-être plus
absolu encore parce qu'il est plus arrogant, des écoles rivales. Entre

l'individualisme aveugle et l'esprit de coterie, le choix ne me paraît pas devoir aller à l'un plutôt qu'à l'autre; et je ne crois pas non plus qu'il faille se résigner à assister, simple spectateur, attristé ou indifférent, aux innombrables conflits qui ne peuvent manquer de naître en chacun d'eux ou de l'un à l'autre.

III

Indiquer le rôle qui, selon moi, revient à la sociologie générale dans l'enseignement des sciences sociales, c'est donner aussi la raison du choix des premiers sujets que j'ai traités. La première année de mon enseignement sociologique a été consacrée toute à une introduction critique à la sociologie générale; dans laquelle, en examinant les principales théories des sociologues, j'ai cherché à fixer quelques-uns des caractères propre de l'objet ou des méthodes de cette science.

Abordant, la seconde année, le développement du programme qui avait été la conclusion des leçons précédentes, et passant d'une détermination toute générale de la sociologie à la fixation déjà plus particulière des divers aspects sous lesquels on peut considérer la vie sociale, j'ai abordé l'examen de la science de la morale au point de vue sociologique. Mon choix s'est fixé d'abord sur la morale en raison de la direction de mes études antérieures, et aussi de l'importance pratique de cette branche de la sociologie. On verra, d'ailleurs, par le programme de ce cours, qu'il n'a été encore qu'une introduction historique et critique, destinée à préparer un plan d'études, dont je compte développer successivement dans la suite les diverses divisions.

Quels ont été maintenant les résultats obtenus jusqu'ici, quelles sont les difficultés principales que j'ai rencontrées au cours de cet enseignement, et dans quelles conditions faudrait-il qu'il fût donné pour avoir toute son utilité? Telles sont les questions sur lesquelles, en terminant, je voudrais faire encore quelques remarques.

Lorsqu'il s'agit d'un cours public, il faut considérer successivement les conditions dans lesquelles il doit être fait pour être profitable aux étudiants, et les conditions de son succès auprès des auditeurs libres.

Pour qu'un enseignement de sociologie générale fût tout à fait utile aux étudiants, il faudrait d'abord obtenir de ceux auxquels il s'adresse plus directement, étudiants en droit, en histoire, en philosophie, certaines qualités ou certaines habitudes qu'ils ne possèdent que très imparfaitement.

Nos étudiants en droit, qui se recrutent malheureusement de plus
en plus généralement aux derniers rangs de nos classes de philosophie (1), ont souvent trop peu d'ardeur au travail pour ajouter à leurs
cours réguliers des cours supplémentaires, non obligatoires ; et la plupart, trop écoliers encore d'esprit, ne savent apprécier que ce qui les
conduit directement au but immédiat, et ce qui leur est nécessaire
pour passer un examen. Nos étudiants en histoire sont trop tôt enfer-
més dans les recherches de pure érudition. Ces recherches, excellentes
en elles-mêmes, prennent prématurément le meilleur de leur temps, et
font tort à l'achèvement de leur culture générale, les détournent trop
des idées, même lorsque ces idées, comme en sociologie, touchent de
très près aux choses de l'histoire. Nos étudiants en philosophie, plus
habitués aux recherches générales, sont souvent trop amateurs de spé-
culation pure, et insuffisamment portés aux études pratiques et morales, peu disposés à voir, je ne dis pas les petits détails, mais, ce qui
est tout différent, le côté vivant des questions.

Ainsi ce qui manque aux uns pour prendre d'eux-mêmes intérêt à de
sérieuses études de ce genre, et par suite pour en tirer un réel profit,
c'est le goût du travail ; aux autres, c'est une suffisante largeur de
vues ; aux derniers, le sens de la pratique.

Du côté des étudiants, l'enseignement de la sociologie générale ne
trouve donc pas en moyenne un auditoire assez bien préparé pour être
très sur et très persévérant.

Pour avoir prise sur eux, il serait nécessaire que le cours public fût
accompagné de conférences, consacrées en partie à éveiller leur initia-
tive, à diriger leur travail personnel : dans ces conférences, étant plus
près d'eux, on pourrait plus aisément leur faire toucher du doigt les
insuffisances et le danger d'études purement spéciales de sociologie, et
leur rendre sensible le vrai caractère de la sociologie générale.

J'aurais désiré pouvoir compléter de cette manière l'essai que je
tentais. Malheureusement jusqu'ici le loisir m'a manqué pour songer à
organiser ces conférences ; et la chose est d'ailleurs peut-être plus difficile à réaliser qu'on ne pourrait le croire. Quoi qu'il en soit,
faute de cette condition, les résultats n'ont pas été, en ce qui
concerne les étudiants, aussi bons que je l'aurais voulu. Un petit
nombre seulement ont fréquenté le cours avec assiduité ; et ceux-ci ont

---

(1) Les meilleurs allant d'ordinaire aux lettres ou aux sciences, et la
moyenne de préférence à la médecine.

été surtout des philosophes, mieux préparés que d'autres à comprendre un exposé de questions générales. Quelques étudiants en droit semblent avoir tenté de suivre et se sont retirés peu à peu, se sentant débordés sans doute. Je remarquerai d'ailleurs, en passant, que les étudiants en droit et en histoire ont été dès le début beaucoup moins attirés par les leçons sur la morale au point de vue sociologique que par le cours de sociologie générale. On croirait vraiment que pour eux les questions de morale ne comptent pas ; n'y aurait-il pas là une suite de cette fâcheuse confusion qu'établit une opinion traditionnelle entre la science de la morale et un recueil de préceptes aussi vides qu'ils sont absolus ?

Il peut être encore intéressant de noter que quelques étudiants en droit, en lettres ou même en médecine, qui ont plus constamment assisté au cours, s'y trouvaient mieux préparés par un cours de philosophie inspiré des mêmes préoccupations, et qu'ils avaient antérieurement suivi dans ma classe. Si j'indique ce fait, c'est qu'il confirme ce que je disais plus haut de l'utilité de conférences spéciales à côté du cours : un enseignement nouveau, et qui se développe en dehors des cadres des études régulières, ne peut guère porter sans une action personnelle et directe du maître, et cette action, que le professeur du Lycée a tout naturellement dans sa classe, à la Faculté, c'est aux conférences surtout qu'on peut la demander.

En somme, les résultats ont été, à mon gré, tout à fait insuffisants jusqu'ici en ce qui concerne l'assiduité des étudiants. Pouvait-on attendre quelque compensation des auditeurs libres ? Cela n'était guère à prévoir, à cause de la grande généralité des premiers sujets traités, et des connaissances spéciales qu'ils exigeaient pour être compris. Et cependant, c'est parmi eux qu'il s'est rencontré peut-être le plus grand nombre d'auditeurs fidèles ; et le nombre s'en est accru sensiblement lorsqu'en passant de la sociologie à la morale, il m'a été possible de substituer à une classification toute analytique des questions et des systèmes un ordre surtout historique, et plus accessible par suite à des esprits de culture moyenne.

Toutefois, à cette partie de l'auditoire, ce qui serait surtout nécessaire, ce sont des conférences de forme littéraire, dans lesquelles l'idée se trouve en partie masquée et rendue plus vague par le grand nombre des redites et le souci dominant de la forme. Ce n'est pas cela d'abord et surtout que je m'étais proposé d'obtenir en faisant ce cours de sociologie ; et je crois que, lorsqu'il s'agit d'une science qui se fait, et que l'enseignement est, autant qu'une exposition, une recherche, cette méthode, si elle est plus séduisante pour le professeur, et plus agréable pour l'auditeur, est mauvaise, parce qu'elle cache les vraies difficultés, ou glisse sur elles, au lieu d'y insister pour les bien mettre en relief.

C'est aux étudiants qu'il faut penser d'abord, et non aux dilettantes ; et, si je réussissais à leur donner dans la suite les moyens d'aborder plus aisément et de suivre avec plus d'intérêt un enseignement de sociologie, je m'estimerais satisfait du résultat.

Je ne sais si je pourrai longtemps poursuivre, et surtout si je pourrai développer, comme je le voudrais, et pousser à bout cette tentative. Je désire du moins que ces indications, si sommaires qu'elles soient, puissent être de quelque utilité à ceux qui voudraient faire des essais analogues. Je souhaite surtout qu'ils soient nombreux : car la sociologie générale a une fonction utile à remplir, et de son développement il peut résulter des avantages importants pour les études sociales. Ces études attirent aujourd'hui un nombre toujours croissant d'esprits ; elles sont de plus en plus indispensables à nos sociétés modernes. Mais la façon dont on les comprend le plus souvent n'est pas sans danger ; car il semble qu'on ne sache pas communément s'y frayer une voie entre le systématisme téméraire et tranchant de quelques théoriciens et politiques et la routine aveugle de beaucoup d'autres. Je vois surtout dans la sociologie générale une garantie contre ces exagérations et ces erreurs.